AF262069

LA PHOTOGRAPHIE

A LA

BIBLIOTHÈQUE

IMPÉRIALE

***

LETTRE à Monsieur l'Administrateur général
directeur de la Bibliothèque Impériale

***

PARIS

L. CURMER

47, RUE RICHELIEU, 47

1865

LA PHOTOGRAPHIE

A LA

BIBLIOTHÈQUE

IMPÉRIALE

L'emploi de la chromolithographie pour la reproduction des manuscrits à miniatures a ouvert une voie nouvelle qui a facilité la diffusion des œuvres renfermées dans ces précieux monuments du moyen-âge, elle en a donné la connaissance au public et lui mis sous les yeux des spécimens de ce que l'art a produit de plus merveilleux depuis le VIIe siècle jusqu'au VXIIe.

L'*Imitation de Jésus-Christ* et les *Évangiles*, contiennent des modèles de cet art si varié et qui se rattache au progrès de la civilisation par des liens si intimes.

Le *Livre d'Heures de la Reine Anne de Bretagne* a prouvé à tout le monde ce qu'était en France l'art des miniaturistes au XVIe siècle. Cette route nouvelle n'a encore vu éclore que trois ou quatre ouvrages importants. Mais que ne reste-t-il pas à faire quand on songe que les manuscrits se comptent par milliers, et qu'une grande partie contient des œuvres capitales et des pages toujours intéressantes pour l'histoire de l'art.

Le moyen de reproduction est très-simple; c'est la photographie qui donne la fidèle et exacte copie dans la grandeur que l'on désire, le coloriste achève l'œuvre, et il n'est pas besoin d'un très-grand artiste, un habile coloriste suffit puisque le dessin exact est donné.

Malheureusement la photographie, à ses débuts, a pris la licence pour la liberté, on l'a laissé agir sans surveillance, sans précaution, il en est résulté des accidents plus ou moins graves, mais surtout une grande perturbation dans les fonctions de MM. les Conservateurs de la Bibliothèque Impériale.

Un comité consultatif, composé de ces mêmes Conservateurs, a décidé, à l'unanimité, que la photographie devait être absolument proscrite de la Bibliothèque.

Le Ministre a approuvé, et a rendu une décision conforme.

De sorte que voilà les savants, les artistes, le public enfin, privés de reproductions exactes que lui donnait un procédé merveilleux de simplicité, de promptitude et de fidélité.

Il est bien regrettable qu'une voix sérieuse ne se soit pas élevée pour démontrer l'inutile rigueur d'une proscription digne des temps les plus barbares.

Cette voix aurait dit que les produits de la science et des arts sont faits pour la lumière, que les enfermer est un crime, et l'on aurait cherché le moyen pratique d'utiliser la précieuse révélation que la science venait d'apporter au profit du développement de la civilisation.

On aurait trouvé que rien n'était plus facile que de *désigner un praticien expérimenté*, sérieux, connaissant la valeur des choses, *auquel le public pourrait faire les demandes de clichés à exécuter, que le public payerait naturellement ces frais de reproduction, mais qu'il serait tenu de laisser à la Bibliothèque un double du cliché obtenu.*

Par ce moyen, et avec la fixation de mesures faciles à prendre pour les délais d'exécution, le prix de fabrication, etc., tous les trésors que la Bibliothèque conserve seraient d'une reproduction facile.

IMPRIMÉS, MANUSCRITS, MINIATURES, MODÈLES DE RELIURES, ESTAMPES, DESSINS, MÉDAILLES, INTAILLES, CAMÉES, IVOIRES, ETC., se multiplieraient à l'infini et sans qu'il soit besoin de les déranger à chaque instant, puisqu'un cliché une fois fait dispenserait d'en faire d'autres.

Au lieu de cette mesure, qu'attend avec impatience le monde savant et que l'on espérait du Ministre libéral sous la direction duquel est placée la Bibliothèque, on invoque un arrêté rendu sous l'inspiration de Messieurs les Conservateurs seuls, d'une date déjà ancienne, et interdisant à tout jamais les reproductions utiles et sérieuses.

Sous le poids de cet anathème, j'ai demandé à M. l'Administrateur général directeur de la Bibliothèque l'autorisation de faire photographier onze miniatures des *Antiquités des Juifs*, faites par JEHAN FOUCQUET, dont je vais publier les merveilles conservées à Francfort, chez M. Brentano.

Cette publication a pour but de faire connaître un peintre ignoré, le chef de l'école de Tours, qui précédait la Renaissance, par des œuvres exquises et se faisait rechercher par le pape Eugène IV lui-même.

Les miniatures des *Antiquités des Juifs* compléteraient à peu près l'œuvre de Foucquet.

Mais voilà que, par une fatalité bizarre, ce peintre illustre, inconnu dans sa patrie, mais l'objet d'un vrai culte à l'étranger, voit se fermer devant lui tout l'avenir de gloire auquel il a droit.

Sous le coup du refus verbal de M. l'Administrateur, je lui ai fait une demande écrite à la suite de laquelle il m'a adressé une réponse en termes assez vifs, formulant un refus motivé sur l'ancienne décision provoquée par le Comité consultatif, qui n'est plus d'aucune autorité pour lui.

Cette réponse a nécessité de ma part la lettre que je reproduis, et à la suite de laquelle S. E. le Ministre a sanctionné le refus de M. l'Administrateur général, en rappelant les anciennes délibérations du Comité consultatif de Messieurs les Conservateurs.

Il est donc de *notoriété officielle* qu'il est interdit de faire reproduire les monuments de toute sorte que possède la Bibliothèque Impériale, lorsque les *Archives de l'Empire*, le *Louvre*, le *Musée de Cluny* et d'autres établissements publics ont régularisé la faculté de reproduction de leurs trésors par la photographie.

L'autorité est souveraine, ses décisions doivent être respectées, mais comme elle peut les modifier quand la raison le demande, il est du devoir de ceux qui croient tenir la lumière de s'en servir pour éclairer l'obscurité que des temps anciens nous ont léguée.

L. CURMER.

Paris, le 16 Janvier 1865.

Monsieur l'Administrateur général, directeur.

Vous me reprochez des démarches faites pour faire lever un interdit affligeant pour tous les amis des arts, je suis cependant convaincu que vous ne pouvez me blâmer d'user de tous les moyens que m'offrent l'honnêteté et la légalité pour tenter d'arriver à l'Autorité Suprême, de qui émane toute justice, et atteindre un but qui n'a rien que de louable et d'honorable : *L'autorisation de faire photographier les Miniatures de Jehan Foucquet.*

Je suis assuré aussi bien que vous de tous les abus que peut entraîner une facilité sans bornes, quand il s'agit de toucher aux manuscrits; personne n'est, à cet égard, plus conservateur que moi, et partout j'en ai donné des preuves toutes les fois qu'il s'est agi de reproduction.

Ici la question est simple, et vous paraissez oublier vous-même de quel pouvoir vous êtes investi.

Une administration ordinaire, entourée de comités ayant voix délibérative, a sans doute des ménagements à garder avec le passé et l'avenir, elle craint de s'engager directement ou indirectement ou de renier son passé. Mais vous qui jouissez de toute votre liberté, vous décidez souverainement ; ce que vous accordez à l'un aujourd'hui, vous pouvez le refuser à l'autre demain, vous n'avez même pas de motifs à donner, vos actes ne sont pas solidaires les uns des autres, parce que votre pouvoir est absolu.

Cela ne veut pas dire qu'il soit interdit de vous éclairer quand vous faites fausse route (1).

Je vous ai dit dans ma demande qu'il ne s'agissait que de poser le manuscrit des *Antiquités* pendant une heure sur un chevalet, même à l'ombre, pour obtenir le résultat désiré.

---

(1) Si M. l'Administrateur général avait à se préoccuper du passé, ce passé serait contre lui.

M. le prince Grégoire Gagarin et M. le comte Ouwaroff ont été autorisés à faire photographier les miniatures des manuscrits grecs que conserve la Bibliothèque Impériale ; cela s'est fait.

Des étrangers ont eu la permission de faire ces reproductions, j'en glorifie la Bibliothèque ; la France doit être le plus libéral et le plus hospitalier de tous les pays. Mais voici qui devient curieux. M. Jules Labarte, sujet français, travaillait à un important ouvrage. qu'il vient de publier à Paris, sous le titre : *Histoire des arts industriels au moyen-âge et à l'époque de la renaissance.* Paris, Morel et Cᵉ. M. Labarte a pu, seulement par tolérance, faire photographier quatre ivoires par le photographe qu'employaient MM. Gagarin et Ouwaroff, mais il n'a pu obtenir l'autorisation de faire reproduire des miniatures de manuscrits et il a dû avoir recours aux épreuves des clichés obtenus par MM. Gagarin et Ouwaroff pour reproduire les miniatures de quelques manuscrits grecs (Voir le texte explicatif de la planche LXXXI de son album.)

Ainsi, voilà que, pour des œuvres sérieuses, les français sont privés de reproduire les monuments des arts anciens existant dans leur pays, tandis que les étrangers peuvent seuls le faire librement, et cela de par l'autorité française.

Je regrette de m'être servi du mot *chevalet*, au lieu du mot *pupitre*, vous avez détourné la question avec légèreté, en convertissant ce *chevalet* en instrument de torture. Je ne vous suivrai pas sur ce terrain fantaisiste.

Il en est de même des *ligaments* et de la nécessité d'obtenir des *surfaces planes*. Ce sont des procédés abandonnés aux apprentis de la photographie. Donnez l'autorisation à MM. Bingham, Springler, Andrieu, Richebourg, Leblanc, à cent autres aussi connus et aussi habiles, ils vous auront bientôt édifié sur toutes vos craintes et détruit vos terreurs.

Il n'est pas possible, en face d'un procédé si simple, si pratique, si perfectionné, si usité, de faire valoir les allégations que vous mettez en avant. Cela est patent et clair pour tout le monde.

D'ailleurs, pourquoi la Bibliothèque n'aurait-elle pas un photographe investi de sa confiance qui serait chargé de reproduire ses trésors; les imprimés, les manuscrits, les miniatures, les estampes; moyennant une rétribution fixe. Pourquoi la Bibliothèque, laissant faire un cliché, n'imposerait-elle pas l'obligation d'en laisser un double à l'Établissement, ce qui éviterait pour l'avenir tout autre déplacement des objets reproduits.

Personne ne trouvera cette mesure vexatoire, pas plus que le dépôt des imprimés.

J'ai fait faire sous mes yeux six à huit cents clichés : à ROME, au Vatican, le *Dante de Guilio Clovio*, l'*Histoire* des *ducs d'Urbin*, les *Manuscrits* des *B. B. de la Minerve*, de *Sciarra*, des *B. B. des princes Corsini* et *Barberini*; à SIENNE, tous les *Antiphonaires de la*

Cathédrale et de la *Bibliothèque* ; à Florence, les *Livres de chœur* et les *Antiphonaires* de la *Cathédrale* et de la *Bibliothèque* ; à Milan, les *Anthiphonaires de la Chartreuse de Pavie* et les *Manuscrits* de Bréra.

A Venise, j'ai fait photographier cinquante pages du manuscrit du *bréviaire du cardinal Grimani*, le plus précieux qui soit au monde, et revêtu de la plus belle reliure d'argent ciselé qu'il soit possible d'imaginer.

Je n'entre pas dans plus de détails; tous ces clichés sont chez moi et ont servi à mes travaux. Vous voyez que la fabrication de clichés n'est pas chose difficile, puisqu'on obtient si facilement de si importants résultats.

Je suis loin d'admettre vos idées sur *l'option à faire entre la conservation des œuvres dont les véritables artistes viennent s'inspirer chaque jour et d'ingrates reproductions auxquelles tout art est absolument étranger. Quelle pauvre idée,* vous écriez-vous, *ne donneraient pas celles-ci des originaux s'ils venaient à ne plus exister! La lithochromie avec son ton inévitablement dur, saccadé et criard, mais qui pourra, je l'admets, faire dans l'avenir, dirigée par de véritables artistes, quelque progrès, n'arrivera jamais à désintéresser sur la conservation des œuvres des maîtres. Eh bien! si la photographie eut existé il y a trois siècles, il ne resterait pas trace des miniatures de Foucquet, à plus forte raison des miniatures du manuscrit du IXe siècle, de saint Grégoire de Nazianze et d'aucun de nos manuscrits, et vous ne pourriez plus être autorisé comme vous l'avez été souvent et comme vous le serez encore à les faire copier par un dessinateur.*

Permettez-moi de déplorer avec tous les gens sensés qui liront vos lignes, la quantité d'idées erronées qu'elles contiennent.

D'abord, il convient d'en finir avec les idées de destruction qui sont de pure invention.

Comment voulez-vous qu'un procédé qui opère sans toucher à l'objet, qui ne demande ni soleil ni grande lumière détruise cet objet qu'il reproduit. Vous n'avez pas réfléchi sérieusement à cet anathème de destruction, ou bien il faut prier le premier photographe venu de vous expliquer élémentairement ce que c'est que la photographie. Je n'insiste pas sur ce point, parce que tout le monde s'en étonnerait.

Comment comprenez-vous qu'on passerait les journées à opérer sans cesse sur ces manuscrits, quand un cliché une fois fait, dispenserait à tout jamais d'en faire de nouveaux.

Mais pourquoi traitez-vous *d'ingrates reproductions auxquelles tout art est absolument étranger*, les travaux que nous accomplissons? Vous n'avez pas pris la peine de les examiner et vous jetez ironiquement sur de *très-honorables* et de *très-recommandables travaux* une réprobation qui serait bien fâcheuse si elle avait quelque chance d'être écoutée.

Il faut donc vous dire que la *chromolithographie* est un art, et un art des plus élevés pouvant donner la fidèle copie du trait et le modelé le plus délicat depuis les tons les plus solides jusqu'aux transparences les plus diaphanes.

Que la *lithochromie* n'est qu'un art industriel bien différent et moins important.

La *lithochromie*, comme son nom l'indique assez, est un procédé par lequel on obtient des papiers de tenture, des papiers pour gardes de livres et tous les papiers de fantaisie.

La *chromolithographie* est un autre procédé par lequel on obtient facilement l'exacte reproduction des tableaux, des miniatures, des gouaches et c'est un véritable art qui n'a rien de mécanique ou de purement manuel.

L'artiste doit être excellent dessinateur et très-habile à manier le crayon lithographique aussi bien que la plume pour les dessins qu'il est obligé de faire. Il lui faut une connaissance profonde de la valeur et de l'amalgame des couleurs pour arriver au résultat proposé qui peut être du reste aussi bien une *création* qu'une *copie* reproduite.

Vous vous méprenez étrangement sur la valeur de ces travaux aussi bien que sur le mérite des artistes qui les produisent.

Les expositions du Louvre sont ouvertes à ces produits et des récompenses leur sont attribuées sur la proposition du jury d'examen.

Vous espérez dans l'avenir, de *véritables artistes*.

Consultez des gens qui savent et demandez-leur si MM. Schultz, Kellerhoven, Thurwanger, Pralon, Matthieu, Régamey, H. Gard et vingt autres que je pourrais vous citer ne sont pas de véritables artistes, dessinateurs parfaits, coloristes consommés, possédant toutes les ressources de leur art et le pratiquant excellemment depuis de nombreuses années.

Informez-vous des travaux faits, cherchez à les voir

chez MM. Lemercier, Engelman, Hangard-Maugé, les maîtres en cet art exquis, consultez le livre de messe publié par M. Matthieu, un chef-d'œuvre incomparable de fidélité et de précision, et essayez de les apprécier avec un esprit impartial et sans prévention et vous aurez la certitude que la châsse de sainte Ursule peut être détruite impunément, que les miniatures de Grimani et de Foucquet peuvent être brûlées parce-qu'elles revivent dans les impérissables copies que la chromolithographie a répandues dans tout le monde instruit et savant.

Pour ne pas étendre cette réponse indéfiniment, permettez-moi d'invoquer l'appréciation de M. le vicomte Henri de La Borde, conservateur au Musée des Estampes, dont vous ne révoquerez certainement pas en doute la science sérieuse et l'austère sévérité.

Il a eu la bonté de recevoir chacune des cent quatre livraisons des Évangiles; il les a examinées avec le soin et l'attention qu'il met à toutes choses. Il a été généralement satisfait et me l'a exprimé dans les termes les plus honorables.

Quand nous sommes arrivés aux reproductions de Foucquet, parce que j'en ai donné quatre dans les Évangiles, sa satisfaction a été complète et je trouve cruelles vos appréciations de reproductions que vous n'avez pas vues.

Vous finissez, Monsieur, en mettant ma personnalité en jeu, et vous supposez que je vous demande la reproduction des miniatures de Foucquet par la photographie pour y trouver une économie de quelques centaines de francs, vous êtes encore dans l'erreur, je désire arriver à la *vérité*, je ne néglige aucun sacrifice pour atteindre ce but; c'est ce qui fait que je suis occupé en ce moment à vous solliciter, mais je ne consentirai jamais à donner au public un à peu près quand je puis lui livrer la réalité.

Rien n'est plus vrai que cette idée justifiée chaque jour par l'expérience; les copies à la main ne rendent jamais le modèle, l'artiste y met toujours du sien. La photographie donne l'exactitude rigoureuse, le coloris fait le reste, et j'ai fait cette expérience cent fois; c'est pourquoi je déclare que, sans la photographie, toute reproduction exacte est impossible, et, grâce à elle, j'ai pu faire revivre six cents pages différentes de manuscrits, de la fidélité desquelles je suis fier et auxquelles vous serez le premier à applaudir si elles passent jamais sous vos yeux.

Permettez-moi une dernière considération.

La Restauration et le gouvernement de Louis-Philippe ont dépensé des sommes énormes pour subventionner de grands ouvrages qui n'ont produit que quelques exemplaires qu'il a été impossible de mettre dans le commerce.

Le Gouvernement de l'Empereur a sous la main un homme qui ne lui a demandé absolument rien, ni subside, ni subvention; qui a travaillé, pendant les douze ans de tranquillité que S. M. l'Empereur a données au pays, à produire trois ouvrages que l'on ne refera jamais. Cet homme n'a épargné ni soins, ni labeurs, ni sacrifices; il a risqué quelques centaines de mille francs; il a constamment fait vivre plus de trois cents personnes, alimenté trois imprimeries; il a invo-

qué le concours et l'appui de cinq ou six cents sous-
cripteurs éclairés, au foyer desquels il apportait chaque
mois les merveilles de tous les pays avec leur parure
naturelle ; grâce à cette sympathie constante et bien-
veillante, il a pu braver les difficultés d'affaires com-
pliquées qui pouvaient causer sa ruine, mais qui ne
l'ont pas comblé de richesses, il s'est contenté de
l'honneur de l'œuvre accompli.

Au lieu d'encourager cet homme qui a rempli une
tâche dans laquelle deux gouvernements ont échoué,
qui ne demande rien, ni faveurs, ni argent, qui solli-
cite seulement l'honneur de compléter, autant que
possible, l'œuvre du maître de l'école de Tours, de
Jehan Foucquet, le peintre de Charles VII, de Louis XI,
du pape Eugène IV, à peine connu dans sa patrie; au
lieu de lui donner des facilités qui ne vous coûtent
rien; lorsque cet éditeur se présente à vous avec les
formes les plus polies, vous le repoussez après l'avoir
abreuvé d'ajournements, de mécomptes, qui tiennent
une opération importante en suspens, et vous cherchez
à lasser sa persévérance quand il n'aurait dû trouver
en vous que bienveillance et protection.

Que dire de tout ceci : souffrir et se taire! Le
conseilleriez-vous ?

Je suis,

Monsieur l'Administrateur général directeur,

Votre très-humble et très-obéissant

serviteur,

L. CURMER.

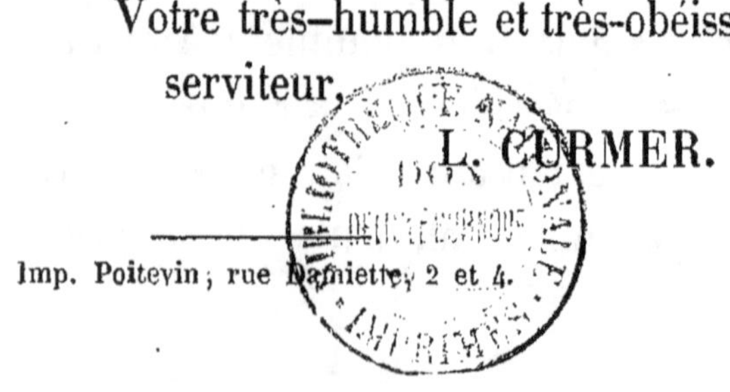

Imp. Poitevin, rue Damiette, 2 et 4.